Inhalt

Liberalisierung des staatlichen Glücksspielmonopols in Deutschland - Chancen für die private Glücksspielindustrie schon im kommenden Jahr?

Kernthesen

Beitrag

Fallbeispiele

Weiterführende Literatur

Impressum

GENIOS WirtschaftsWissen Nr. 12/2005 vom 13.12.2005

Liberalisierung des staatlichen Glücksspielmonopols in Deutschland - Chancen für die private Glücksspielindustrie schon im kommenden Jahr?

I.Lukmann

Kernthesen

- Glücksspiele unterliegen in Deutschland der staatlichen Fürsorge. (6), (11)

- Grundsätzlich können Glücksspiele von privaten Unternehmen nur dann angeboten werden, wenn diese über eine Lizenz verfügen. (2), (3), (11)
- Die Vorgaben der Europäischen Gesetzgebung und die anstehende Entscheidung des Bundesverfassungsgerichtes wird voraussichtlich Anfang 2006 das staatliche Glücksspielmonopol aufheben und so den Weg für private Anbieter freimachen. (3), (4), (8),(10)

Beitrag

Geschäfte mit Glücksspielen sind einerseits sehr rentabel, andererseits aber auch eine Beschäftigung, die von Seiten der Regierung stark reguliert wird. Der Grund hierfür ist, dass eine natürlich vorhandene Spielsucht der Bürgern vom Staat grundsätzlich unterbunden werden soll. Daher werden widerrechtliche Glücksspiele prinzipiell mit einer Freiheitsstrafe gesetzlich geahndet. Generell ist es jedoch erlaubt, Glücksspiele zu veranstalten, wenn dies mit behördlicher Genehmigung einhergeht. Hierdurch reguliert der Staat einerseits den Spieltrieb seiner Bürger. Andererseits erzielt der Staat dadurch auch beachtliche Gewinne. (6), (11)

Ursprünge des Zahlenlottos

Im Jahr 1575 fand nach einem Staatsstreich im italienischen Genova eine Senatorenwahl statt. Dafür wurden aus einer Bürgerliste von neunzig Anwärtern fünf Senatoren gewählt. Aus der Gewohnheit heraus, auf Alles zu wetten, haben Italiener auch auf die möglichen fünf Senatoren gewettet. Die Stadt übernahm bald die Organisation dieser Wetten. So entstand das System Lotto mit der nachvollziehbaren Formel fünf aus neunzig. (1), (2), (6)

Lotto in der deutschen Öffentlichkeit

Die westdeutschen und ostdeutschen Lottoanbieter haben nach der Wiedervereinigung zum Deutschen Lotto- und Totoblock fusioniert. Seither werden Lotterien, Zahlenlotto und Sportwetten zum größten Teil aus einer Hand angeboten. Derzeit gibt es 82 deutsche Spielbanken. Diese werden entweder vom Staat, durch öffentlich-rechtliche oder private Anbieter betrieben.

Lottospiele werden in Deutschland hauptsächlich in Tabak-, Zeitschriften- und Schreibwarengeschäften, die über eine Lottoannahmestelle verfügen, getätigt. Außerdem wird das Lottospielen in unseren Medien täglich ausgestrahlt und dadurch zusätzlich verbreitet.

Die Chance, den Jackpot einer Lotterie zu knacken ist ausgenommen gering, und muss dann auch geteilt werden, wenn mehrere Spieler die gleichen Gewinnzahlen getippt haben. Die Chance auf einen Gewinn liegt dabei bei eins zu 140 Millionen. Dennoch nehmen immer mehr Deutsche an Lotterien teil. Vermutlich weil die Aussicht auf einen Multimillionengewinn bei einem Einsatz von nur einem Euro nach wie vor dazu verführt, an Lottospielen teilzunehmen.

Im Unterschied hierzu haben Sportwetten eine höhere Gewinnchance zu bieten. So werden auf richtig getätigte Wetten die Auszahlungen garantiert. Das heißt, dass die Ausschüttung unabhängig von der Anzahl der richtigen Tipps aller Mitspieler erfolgt. [(1)](), [(2)](), [(3)](), [(4)](), [(6)](), [(10)]()

Wirtschaftliche Aspekte

Inzwischen hat sich das staatlich geleitetet legale Glücksspiel zu einem wichtigen Wirtschaftszweig entwickelt. Mit einem Jahresumsatz von etwa 25 Milliarden Euro hat dieser Markt, hauptsächlich durch Einnahmen des Lotteriemarktes, der Spielbanken und der Automatenbetriebe, einen hohen Anteil am Bruttoinlandsprodukt erwirtschaftet. Damit sind die Umsätze beispielweise mit Branchen wie der Luftfahrt oder der Tabakindustrie vergleichbar.

Die Einnahmenüberschüsse der staatlichen Glücksspiele werden ausnahmslos für öffentliche und wohltätige Zwecke genutzt und dienen damit dem Gemeinwohl. Außerdem werden Gewinne grundsätzlich einkommensteuerfrei behandelt, wohingegen jedoch die Zinsen angelegter Gewinne nach wie vor von den Gewinnern versteuert werden müssen. Die steuerlichen Abgaben bei Glücksspielanbietern erfolgen jedoch weniger großzügig. So müssen Spielbanken jeweils vom Bundesland abhängig durchschnittlich 80 Prozent ihrer Bruttoeinnahmen, abzüglich der darin enthaltenen Gewinne, an das Land abführen. (2), (3)

Gesetzliche Regelungen der

Staatlichen Fürsorge

Grundsätzlich sind sowohl die Gesellschaftsform, die Eigentümerstruktur als auch die Konzessionsbedingungen Ländersache. In der Bundesrepublik Deutschland existieren hierzu drei Rechtsebenen:

1. Staatsrechtliche Ebene: Die Entscheidung über den Umfang von Glücksspielen, Lotterien und Wetten sind Ländersache. Die Landesregierung entscheidet beispielsweise über Konzessionen und Zahlungsmodalitäten ihrer Veranstalter im Rahmen eines landeseigenen Spielbankgesetzes.

2. Strafrechtliche Ebene: Hier gilt das Bundesrecht. Das heißt, dass alle Veranstalter, die nicht über eine behördliche Genehmigung verfügen, im Sinne des Strafgesetzbuches geahndet werden.

3. Zivilrechtliche Ebene: Auch hier gilt das Bundesrecht. Das Bürgerliche Gesetzbuch regelt in den Paragrafen 762 und 763 eine generelle Nichteinklagbarkeit von entstandenen Spielschulden. Dabei gibt es eine Ausnahme, die eine Einklagbarkeit von Gewinnen bei staatlich genehmigten Lotterien ermöglicht. (2), (3), (11)

Änderungen durch die Europäische Gesetzgebung

Nach europäischen Gesetz ist es allen Glücksspielbetreibern, die über eine Lizenz eines EU-Landes verfügen, erlaubt, Ihre Glücksspiele in allen anderen Mitgliedstaaten ebenfalls anzubieten. Hinzu kommt, dass der Europäische Gerichtshof in einem Urteil vom 17. Februar 2005 - C-453/02 anmerkt, dass eine Ungleichbehandlung von staatlichen Spielbanken und privaten Spielhallenanbietern zukünftig unterlassen werden sollte. Zurzeit werden von den privaten Anbietern eine Abführung von 16 Prozent Umsatzsteuer an die Finanzämter verlangt. Dagegen erwartet der Staat von den staatlichen Anbietern keine Abgaben an den Fiskus. Die Richter verlangen, dass in Zukunft, gemäß der EU-Richtlinie 77/388, die Umsatzsteuer bei vergleichbaren Leistungen einheitlich geregelt werden soll. Dies sichert, laut Europäischem Gerichtshof, einheitliche Wettbewerbsbedingungen in den europäischen Staaten.

Änderungen durch das Bundesverfassungsgericht

Seit 1936 ist das so genannte Lotterie- und Sportwettenrecht auf Länderebene geregelt. Seit dem 1. Juli 2004 gilt ein vereinheitlichter Staatsvertrag zum Lotteriewesen in Deutschland, welcher das staatliche Lotterie- und Wettmonopol absichert. Das Bundesverfassungsgericht wird durch die Vorgabe der EU-Gesetzgebung voraussichtlich zu Beginn des Jahres 2006 über das derzeitig geltende staatliche Monopol auf Sportwetten entscheiden. Dabei wird das Gericht derzeitigen Spekulationen zufolge, die Verfassungswidrigkeit des Sportwettengesetzes feststellen. Dadurch wird sehr wahrscheinlich das gesamte Glücksspielmonopol in Deutschland fallen. Eine Liberalisierung des Glücksspielmonopols erscheint daher nicht abwegig. Letztlich wird begründet, dass der Zweck des staatlichen Lotterie- und Wettmonopols, nämlich der Schutz des Bürgers vor übermäßigem Spieltrieb, obsolet geworden sei, da die staatlichen Anbieter bereits heutzutage wie private Anbieter agieren. Dafür spreche beispielsweise eine offensive Werbung zur Teilnahme an Glücksspielen, was dem Schutzzwecke des Staates eindeutig widerspreche.

Die Folge einer Liberalisierung wäre daraus folgend vermutlich eine Stärkung von privaten Anbietern, da diese bereits heute schon deutlich höhere Gewinnen anbieten als die staatliche Konkurrenz. So werden vom staatlichen Monopolisten Oddset etwa 58

Prozent der eingezahlten Einsätze ausgeschüttet. Dagegen schütten private Anbieter durchschnittlich 75 Prozent ihrer eingenommenen Einsätze aus. (3), (4), (8), (10), (11)

Fallbeispiele

Premiere-Chef Georg Kofler ist bereits in das Wettgeschäft eingestiegen: Seit August diesen Jahres wird Premiere Win ausgestrahlt. Dies ist der erste deutsche TV-Sender, der ausschließlich Glücksspiele anbietet und sendet. Laut Kofler wird Premiere Win eine der Top-Marken in der Glücksspielbranche werden. Zurzeit werden die Angebote noch mit Hilfe von Kooperationen bestritten. Allerdings hat Premiere die Absicht, bei einer Liberalisierung des staatlichen Monopols, eine eigene Lizenz zu erwerben. (3), (9)

Die Billigfluglinie Ryanair will 2007 ebenfalls Glücksspiele anbieten. Vorstandschef Michael OLeary kündigte an, dass im Frühjahr eine Testphase an Bord gestartet werde. Laut OLeary soll in Zukunft mit Glücksspielen mehr Umsatz eingefahren werden als mit klassischem Flugticketverkauf. (7)

Weiterführende Literatur

(1) Lotto - eine Erfolgsstory mit Fortune - Bundesdeutsches Zahlenlotto feiert Geburtstag/Wurzeln in Italien
aus Die Tabak Zeitung vom 07.10.2005

(2) 50 Jahre 49 Kugeln und ein Glück - Lotto in Deutschland: Gesellschaftsform, rechtliche Grundlagen, Geschäfte und Gemeinwohl
aus Die Tabak Zeitung vom 08.04.2005

(3) DAS GESCHÄFT MIT DEM GLÜCK Die Deutschen zocken wie nie zuvor. Private Anbieter wittern Milliardenchancen. Schon Anfang 2006 könnte das staatliche Glücksspielmonopol fallen. Titel Glücksspiel Recht Aktien
aus Capital vom 18.08.2005, Seite 36

(4) Das Wettmonopol des Staates wackelt
aus Frankfurter Allgemeine Zeitung, 30.03.2005, Nr. 73, S. 23

(5) Rath, Christian, Wetten dass...?, Badische Zeitung, 09.11.2005, S. 0
aus Frankfurter Allgemeine Zeitung, 30.03.2005, Nr. 73, S. 23

(6) Spieler, die auf den Sport pfeifen
aus Süddeutsche Zeitung, 17.11.2005, Ausgabe Deutschland, S. 3

(7) Ryanair will Glücksspiel an Bord anbieten
aus Frankfurter Allgemeine Zeitung, 14.11.2005, Nr. 265, S. 17

(8) O.V., Bundesverfassungsgericht verhandelt - Das Wettmonopol des Staates wankt, Stuttgarter Nachrichten, 09.11.2005, S. 27
aus Frankfurter Allgemeine Zeitung, 14.11.2005, Nr. 265, S. 17

(9) Premiere wettet auf die Zukunft Aktie des Bezahlsenders fällt trotz unerwarteten Gewinnsprungs · Abo-Kanal steigt in das Lottogeschäft ein
aus Financial Times Deutschland vom 09.11.2005, Seite 6

(10) Staatliches Monopol für Sportwetten wackelt
aus Süddeutsche Zeitung, 09.11.2005, Ausgabe Deutschland, S. 21

(11) Deutscher Glücksspielmarkt wird verfassungsgerichtlich überprüft Branche ist 30 Mrd. Euro schwer - Büro für Pferdewetten klagt
aus Börsen-Zeitung, 02.11.2005, Nummer 211, Seite 2

(12) Sport-Glücksspiel - Neue leidenschaft der Deutschen
aus Financial Times Deutschland vom 01.11.2005, Seite 24

Impressum

Liberalisierung des staatlichen Glücksspielmonopols in Deutschland - Chancen für die private Glücksspielindustrie schon im kommenden Jahr?

Bibliografische Information der deutschen Nationalbibliothek

Die Deutsche Nationalbibliothek verzeichnet diese Publikation in der deutschen Nationalbibliografie; detaillierte bibliografische Daten sind im Internet über http://dnb.d-nb.de abrufbar.

ISBN: 978-3-7379-1735-3

© 2015 GBI-Genios Deutsche Wirtschaftsdatenbank GmbH, Freischützstraße 96, 81927 München, www.genios.de

Alle Rechte vorbehalten. Dieses Werk ist einschließlich aller seiner Teile – z.B. Texte, Tabellen und Grafiken - urheberrechtlich geschützt. Jede Verwertung außerhalb der Grenzen des Urheberrechtsgesetzes bedarf der vorherigen

Zustimmung des Verlags. Dies gilt insbesondere auch für auszugsweise Nachdrucke, fotomechanische Vervielfältigungen (Fotokopie/Mikroskopie), Übersetzungen, Auswertungen durch Datenbanken oder ähnliche Einrichtungen und die Einspeicherung und Verarbeitung in elektronischen Systemen.